AF342981

« L'Indo-Chine n'a pas eu de typhon
depuis 1906... Mais M. Camille Aymard
s'est chargé d'en faire passer un sur les
valeurs indo-chinoises.

« *La Presse Indo-Chinoise*
du 15 mai 1927. »

Autour d'un Scandale colonial

LE DARLAC

IMPRIMERIE J. LAGARDE
18, avenue de la Frillière
PARIS-XVIe

1927

L. MAILLOT

> « L'Indo-Chine n'a pas eu de typhon depuis 1906... Mais M. Camille Aymard s'est chargé d'en faire passer un sur les valeurs indo-chinoises.
>
> « *La Presse Indo-Chinoise* du 15 mai 1927. »

Autour d'un Scandale colonial

LE DARLAC

IMPRIMERIE J. LAGARDE
18, avenue de la Frillière
PARIS-XVI°

1927

Piste de Ban-Mé-Thuot à Bandon.

Autour d'un scandale colonial

LE DARLAC

« L'Indo-Chine n'a pas eu de typhon depuis 1906... Mais M. Camille Aymard s'est chargé d'en faire passer un sur les valeurs indo-chinoises.

« *La Presse Indo-Chinoise* du 15 mai 1927. »

L'Indo-Chine paye les frais de la casse

Il s'agirait de s'entendre.

M. Camille Aymard qui est directeur de la Liberté, ancien notaire saïgonais, et qui a beaucoup de talent, comme journaliste, a fait une campagne à tout casser pour démolir M. Alexandre Varenne.

Campagne, interpellations, fracas, commission d'enquête, M. Varenne revient en Indo-Chine, tout de même qu'il serait revenu sans ce tintamarre.

Alors la campagne de Camille Aymard continue. Elle continue dans l'intérêt de l'Indo-Chine. Qu'il dit.

Car, en fait, l'Indo-Chine paye les frais de la casse. Tous les deux ou trois jours, Camille Aymard fait un article pour démontrer qu'avant trois mois l'Indo-Chine sera tout bonnement à feu et à sang.

Par la faute des Cantonnais, par la faute de M. Doriot, par la faute de M. Varenne, excusez-nous M. Aymard, ce n'est pas la question.

Que vous n'aimiez pas M. Varenne, c'est votre affaire et je ne veux pas connaître les raisons de votre antipathie.

En attendant, vous êtes en train de faire, à Paris, une propa-

gande calamiteuse, catastrophique à l'Indo-Chine. Et le résultat ne s'est pas fait attendre : toutes les valeurs indo-chinoises, depuis les médiocres jusqu'aux plus solides, toutes ont baissé.

Pour l'amour de Dieu, M. Camille Aymard, arrêtez-vous. Vous aimez tellement l'Indo-Chine que vos embrassements vont finir par l'étouffer.

La Liberté, votre journal, se réclame vaguement du Fascisme par M. Taittinger et l'Action Française vous cite avec éloges à l'appui.

C'est dire que la Liberté n'est pas le journal de prolétaires.

Vos lecteurs, ce sont des Français moyens, des bourgeois précisément de ceux qui achetaient très volontiers à la Bourse des valeurs indo-chinoises, au temps ou vous leur disiez que l'Indo-Chine était riche et prospère.

Maintenant vous leur dites que tout est perdu. Vous leur servez dans la manière de l'Apocalypse d'effroyables visions d'avenir où les hordes jaunes submergeant l'Indo-Chine, balayent tout sur leur passage.

Vous affirmez que là où passera le cheval de Chung-Kai-Sek le tranh lui-même ne repoussera pas.

Il y a de quoi décourager les acheteurs d'actions indo-chinoises.

M. Aymard, pardonnez-moi de vous servir un lieu commun, mais celui-là en dit plus long qu'un long discours.

On n'est jamais trahi que par les siens.

Il fallait que, vous, dont la fortune — et quelle fortune! s'est faite en Indo-Chine, alliez faire du journalisme en France, pour que l'Indo-Chine ait un jour, à Paris, son adversaire le plus acharné.

Ah ! vous lui coûtez cher à l'Indo-Chine et vous lui rendez avec usure le denier qu'elle vous a donné.

En somme, vous ne lui pardonnez pas d'avoir fait votre fortune.

Je ne sais pas si vous êtes sincère quand vous accusez M. Varenne de mener l'Indo-Chine à sa perte.

Ce qui est sûr, c'est que votre campagne déchevelée va nous coûter plus cher qu'un typhon.

Par pitié, M. Aymard, suspendez donc un instant, la pluie de vos bienfaits.

« La Presse Indo-Chinoise. »

AVANT-PROPOS

Je n'ai pu résister à la tentation de reproduire en matière de préambule à cet opuscule, l'éditorial si pondéré, si raisonnable, si judicieux, paru dans la *Presse Indo-Chinoise* du 15 mai 1927, en réponse à la campagne de dénigrements systématiques, de calomnies et de mensonges menée contre l'Indo-Chine par le journal la *Liberté* sous la signature de M. Camille Aymard. Car, il faut le dire bien haut, c'est l'œuvre colonisatrice de la France qui est en jeu et c'est l'Indo-Chine, qui paie les frais d'une campagne haineuse, inconsistante, légère, au cours de laquelle éclate la plus insigne mauvaise foi, alliée à une absence totale de documentation.

Qu'un journaliste de la valeur morale de Camille Aymard, aveuglé par la haine et dénué de scrupules, s'engage à fond dans une polémique, sans base, saus argumentation sérieuse pour l'étayer, cela ne peut surprendre personne, il poursuit un but et sa passion n'a d'égale que sa mauvaise foi.

Qu'un Outrey, dont on connaît les turpitudes s'en empare pour la porter à la Tribune du Parlement. Qu'un Chavigny de la Chevrottière dont le rôle en Indo-Chine n'a rien de très reluisant (au contraire), malgré son ascension à la Présidence du Conseil Colonial de la Cochinchine surenchérisse, cela ne peut étonner que celles des personnes qui ne connaissent rien de l'Indo-Chine.

Eloigné de la Métropole, j'ai méprisé, jusqu'à ce jour, les attaques de gens auxquels, lorsqu'on a de la dignité, on ne fait pas l'honneur d'une réponse. Mais la méthode d'information à la manière du père Loriquet si chère à la *Liberté* et à M. Camille Aymard, risquerait d'intoxiquer à la longue, des cerveaux impartiaux, des consciences droites, c'est à ceux-là, mais à ceux-là seulement, que je destine ces pages.

Je ne suivrai pas sur le terrain qu'ils ont choisi, mes adversaires, la tâche me serait trop facile; je n'ai pas parcouru pendant une année l'Indo-Chine dans tous les sens, sans établir une ample et sérieuse documentation sur les affaires agricoles, commerciales et industrielles de ce pays. Je ne parlerai ni de Mimot, ni de Camau, ni de Phumy...

Je ne critiquerai pas non plus l'œuvre accomplie en Indo-Chine par le groupe instigateur de cette campagne déloyale et dont j'ai étudié quelques affaires en Cochinchine, au Cambodge et en Annam.

Je me suis imposé la règle de ne critiquer, de n'attaquer personne. Je pense en cela à l'Indo-Chine et je pense aussi à la France.

Je pense à l'Indo-Chine si riche de possibilités, à son merveilleux, à son étonnant essor, je pense à l'immense effort anonyme accompli là-bas et à celui plus considérable encore qui reste à accomplir. Je pense qu'il faut avoir une âme bien noire pour écrire ou dire quoi que ce soit sur ce pays qui puisse à un titre quelconque amoindrir, diminuer ou retarder son évolution.

Et je ne puis pas ne pas penser que je ne dois donner aux indigènes indo-chinois aucune arme dont ils pourraient se servir contre mon pays.

Je pense aussi à la France, aux sacrifices énormes qu'elle a consentis pour créer son vaste empire colonial et à tout le parti qu'elle pourra en tirer.

Je n'ai pas à défendre non plus mon action dans la province du Darlac, elle se défend d'elle-même. Répandre un peu de lumière sur tant d'obscurité accumulée, faire connaître aux gens de bonne foi, toute la vérité sur le Darlac. Confondre mes adversaires en réfutant leurs arguments, en publiant les faits et les textes sans acrimonie, impartialement, voilà mon but.

A vous Indo-Chinois planteurs, commerçants, industriels, fonctionnaires, qui m'avez témoigné pendant mon séjour à la Colonie, une si vive sympathie, une affection si cordiale, à vous qui connaissez le pays et ses hommes, je dédie ces pages. C'est un chapitre de l'histoire coloniale de la France, c'est aussi, malheureusement, un chapitre sur les haines, les rivalités, les jalousies qui attendent les hommes nouveaux, ardents et courageux attirés par le mirage colonial.

L. M.

COMMENT ON MONTE UNE CAMPAGNE DE PRESSE

La documentation de la " Liberté "

Avant d'aborder le fond du problème, nous allons établir dans un bref raccourci, comment à la *Liberté* on monte une campagne de presse et le crédit qu'on peut apporter à de semblables élucubrations.

Dans sa lettre ouverte à M. Léon Perrier et aux Membres de la Commission des Colonies publiée dans la *Liberté* du 15 février 1927, M. Camille Aymard raconte que le Gouverneur général de l'Indo-Chine, Alexandre Varenne, a donné en concession à M. Maillot 8.000 hectares de terres exceptionnellement riches situées dans la province du Darlac en violation de la loi, car, ajoute-t-il, aux termes de la législation française, toute concession supérieure à 1.000 hectares ne peut être accordée sans que la demande ait été soumise pour autorisation au Conseil du Gouvernement et sur une mise à prix fixée d'avance, les terrains doivent être vendus aux enchères publiques.

Ou M. Aymard, quand il écrivait ces lignes, était de mauvaise foi, ou il ignorait tout de la législation indo-chinoise des concessions et de mon action dans le Darlac.

Dans les deux cas il devait s'abstenir d'écrire d'aussi grossières énormités.

1° Le Gouverneur général A. Varenne a tout ignoré de mon action en Indo-Chine comme je le démontrerai plus loin.

2° Les 8.000 hectares de terres dont il est question dans cette lettre ouverte appartenaient à M. Bernard, seul bénéficiaire du bail en ayant fait l'objet.

3° La loi n'a nullement été tournée étant donné que les terres Moïs sont l'objet d'un régime spécial dont la location a été définie par les arrêtés des 30 Juillet 1923 et 15 Mars 1925 signés tous les deux de M. Pasquier, résident supérieur en Annam.

4° Le Conseil de Gouvernement n'avait pas à connaître la question puisque, aux termes des arrêtés précités, le résident supérieur en Annam en Conseil de protectorat avait tous pouvoirs pour approuver ces actes.

**5° Il n'existe en terres Moïs d'Annam aucun pré-
cédent de mise aux enchères publiques des terrains.**

Plus loin Camille Aymard, le bien informé, poursuit :

« Le 28 octobre 1926, la concession fut apportée à un groupe
financier qui constitua, pour l'exploitation de ces 8.000 hectares,
une Société anonyme, dite *Compagnie Agricole d'Annam.* Sauf
M. Maillot, je crois, tous les Administrateurs sont des étrangers. »

M. Aymard, sur ce point particulier, pouvait facilement se ren-
seigner à Paris, mais cela n'eut pas fait son affaire.

Or, quelle est la vérité ?

**Non seulement je ne suis pas administrateur de la
Compagnie agricole d'Annam, mais je ne suis pour rien
dans sa constitution.**

**La majorité du Conseil d'administration de cette
société est bien française comme le veut la loi puisque
sur neuf membres elle se compose de six Français, un
Hollandais, deux Belges, dont un habitant Paris depuis
vingt ans en instance de naturalisation et dont le fils
accomplit actuellement son service militaire dans un
régiment français au Maroc.**

C'est ensuite le passage sur la main-d'œuvre :

Je cite textuellement Camille Aymard :

« L'Administration française fera traquer dans la brousse les
hommes valides, et, s'il le faut, les femmes et les enfants, pour
les obliger à travailler sur la plantation de MM. Maillot et.....
consorts. »

« C'est ainsi qu'on dépeuple un pays et qu'on pousse à la rébel-
lion une population naguère tranquille et soumise.

« C'est aussi par de tels procédés qu'on déshonore la France. »

La lecture du contrat-type que nous reproduisons plus loin,
montrera quel cas il faut faire des affirmations de M. Aymard.
On cherchera en vain dans la clause relative à la main-d'œuvre
l'esprit de contrainte que voudrait laisser supposer M. Aymard
dans sa prose filandreuse.

L'homme qui a spolié les Annamites en discréditant la France
et qui, de ce fait, a été suspendu de ses fonctions de notaire par
M. A. Sarraut n'est pas qualifié pour défendre l'honneur de la
France, tout le monde le sait à Saïgon et il ne serait pas mal qu'on
le sache en France.

En matière de conclusion, M. Aymard parle du profit de l'opé-
ration, de ce profit dont il voulait profiter comme nous l'ont appris

les débats de la Chambre des députés du 18 mars, et le voilà distribuant légèrement d'un trait de plume des millions à profusion.

Mais il faut ne rien connaître du mécanisme des Sociétés par actions pour raisonner comme Camille Aymard. Chacun sait, en effet, qu'il est d'usage lors de la constitution d'une Société anonyme de créer des parts de fondateurs.

Chacun sait aussi que la plus grosse partie des parts créées va aux souscripteurs et aux banquiers, et que le reste est réparti entre fondateurs, administrateurs et collaborateurs de la Société.

La *Compagnie Agricole d'Annam* n'a pas procédé différemment et il n'est que juste que ceux qui prennent l'initiative et la responsabilité de la création d'une affaire, que ceux qui font confiance aux affaires coloniales et à ceux qui les créent en souscrivant des capitaux importants, que ceux qui ont la charge de mener au succès ces vastes entreprises, que les hommes, enfin, qui luttent chaque jour contre la brousse envahissante, contre les maladies tropicales, que ceux qui donnent le meilleur d'eux-mêmes pour faire de ces pays incultes et pauvres des sources de richesses qui profiteront aux collectivités, coloniale et métropolitaine, puissent prétendre en retirer dans l'avenir un profit matériel.

Je crois avoir démontré suffisamment la fragilié de l'argumentation spécieuse de Camille Aymard.

Nous allons examiner maintenant quel était le régime des concessions dans les divers pays de l'Union Indo-Chinoise avant l'arrêté du 19 septembre 1926 de M. A. Varenne, Gouverneur général.

Régime des concessions en Indo-Chine

L'émotion suscitée dans certains milieux par la virulente campagne de la *Liberté* ne peut s'expliquer que par l'éloignement de l'Indo-Chine et par la méconnaissance qu'on a en France des questions coloniales.

Il est profondément regrettable, dans l'intérêt de la France et de son œuvre colonisatrice, que personne au Parlement, ne se soit fait l'écho rétrospectif de notre politique des concessions en Indo-Chine *et signifier ainsi à M. Outrey que l'attribution de la concession faisant l'objet de ces tumultueux et pénibles débats avait été faite normalement et régulièrement suivant les usages établis en Annam.*

Pourquoi, au cours de cette séance mémorable, n'a-t-on pas fait connaître au pays toute la vérité ? Pour atteindre ses fins politiques, le député de la Cochinchine n'a pas hésité à la travestir, mais comment ne pas s'étonner de la quasi ignorance dans laquelle se trouvaient M. le Ministre des Colonies et M. le Gouverneur général d'une question aussi importante.

Très habilement M. Camille Aymard avait représenté le bail emphytéotique comme une innovation en Indo-Chine destinée à donner satisfaction à un ami du Gouverneur général. Suivant la même tactique M. Outrey a trompé la Chambre (car il n'ignorait rien de la question) en lui laissant croire que la concession de 8.000 hectares octroyée au Darlac était un fait isolé.

Or, la location à bail emphytéotique des terres appartenant aux Moïs est de pratique courante en Annam. Je le démontrerai en publiant des textes et des noms. Mais revenons au Darlac.

Quelle était la situation des terres Rouges avant l'interpellation ?

Neuf bénéficiaires de baux emphytéotiques approuvés par la Résidence Supérieure en Annam et représentant 51.000 hectares de terres louées, plus de 100.000 hectares prospectés, délimités, dont les dossiers étaient sur le point d'être signés.

M. Outrey ne l'ignorait pas, non plus que certains de ses collègues administrateurs de Sociétés, lesquels s'intéressaient tout particulièrement en février à la création d'une Société de Culture au Darlac. Mais en proclamant la vérité, l'interpellation n'avait plus sa raison d'être et ça n'aurait fait l'affaire ni de M. Outrey ni de M. Aymard.

Quel était donc le régime des concessions en Indo-Chine avant l'arrêté du 19 septembre 1926 ?

En Cochinchine et au Cambodge, vente aux enchères publiques sur mise à prix.

Ce régime n'a pas empêché l'octroi en concession définitive gratuite de quelques concessions de 5 à 30.000 hectares.

En Annam, location à bail emphytéotique des terres Moïs ou aliénation gratuite en concession définitive.

Avant de fixer irréfutablemeint l'esprit de parti-pris, la méconnaissance absolue du problème abordé, la mauvaise foi systématique de MM. Aymard et Outrey, il nous faut examiner la situation des pays Moïs.

Sépulture Moï.

L'Hinterland Moï

Les Moïs, du Chinois *Man* qui veut dire homme sauvage, d'origine Malayo-Polynésienne, ont toujours été refoulés loin des voies navigables, par les conquérants qui se disputaient la suprématie en Indo-Chine. Leur territoire se trouve, de ce fait, compris entre la Chaîne Annamitique et le versant Est du Mékong et s'étend de la Cochinchine jusqu'aux confins du Laos et du Tonkin. Ils se divisent en tribus de dialectes différents, quoique de même origine : Stiengs — Mnongs — Bihs — Rhadés — Djarais — Sedans — Banars, etc.

La colonisation en terre Moï d'Annam est toute récente, elle date de quelques années seulement et chevauche en pays soumis voisinant avec les régions insoumises.

Les régions ouvertes les premières à la colonisation, sont celles situées dans la province du Haut-Donai (Djiring) et celles de la province du Kontum. Le Darlac est situé entre ces deux provinces.

Pour ne pas avoir donné à l'hinterland Moï, un statut particulier des concessions, ce pays qui avant la pénétration française ne connaissait la sollicitude de l'Annam et du Cambodge que par les razzias d'esclaves hommes, femmes et enfants opérées sur les confins de son territoire et dont aujourd'hui ils revendiquent l'influence; l'Administration s'est heurtée à de sérieuses difficultés.

Dans la province du Kontum, les revendications de la propriété du sol par les indigènes ayant été moins tenaces, l'Administration française a aliéné en concessions domaniales d'immenses étendues de terres rouges. Suivant l'usage établi en Annam, ces concessions avaient été données à titre absolument gratuit. Plus tard, en 1926, lorsque le nouveau régime des concessions a été mis à l'étude, on a fixé le prix des terres au Kontum à une piastre l'hectare avec effet rétroactif.

L'ensemble du domaine aliéné dans cette province a donc été payé à raison d'une piastre l'hectare une fois payée en concession définitive. Le même régime a été appliqué à tous les concessionnaires parmi lesquels nous relevons: La Compagnie Agricole des thés et cafés du

Kontum (Catéca), l'Agricole du Kontum, Société des plantations de Ky-Té, Société des Thés de l'Indo-Chine, les plantations Allard, de Bourguesdon, des Loges, etc., etc.

Dans le Haut-Donai, on a procédé différemment, les premières concessions données à titre définitif considérées comme terres domaniales, ayant provoqué une sérieuse réaction de la part des habitants. Pour ne pas provoquer de difficultés avec les indigènes, l'Administration a retenu le bien fondé de leurs réclamations et reconnu de ce fait, la légitimité de la propriété du sol par les autochtones. C'est à partir de ce moment qu'intervient la réglementation de la location à bail emphytéotique des terres appartenant aux Moïs, objet des arrêtés de juillet 1923 et mars 1925. Nous reproduisons ci-après, à titre documentaire, l'arrêté de mars 1925.

Il faut dire en passant, que bien avant l'apparition de ces arrêtés, des baux emphytéotiques avaient été consentis en territoire d'Annam.

ARRÊTÉ

relatif aux locations de terrains dans la province du Haut-Donai

---

LE RESIDENT SUPERIEUR EN ANNAM
Officier de la Légion d'Honneur

Vu le décret du 20 octobre 1911 déterminant les pouvoirs des Chefs d'administration locale en Indo-Chine;

Vu l'arrêté du 30 juillet 1923 fixant le régime des terres de l'Hinterland moï;

Vu l'arrêté du 30 juillet 1923 réglementant la colonisation annamite dans l'Hinterland moï;

Vu l'avis conforme du Conseil de Protectorat et du Conseil du Comat,

ARRÊTE :

ARTICLE PREMIER. — Sur tout le territoire de la province Haut-Donai, à l'exception de la Circonscription Autonome du Langbian, les terres appartenant aux villages, aux familles ou aux indigènes moï, pourront, avec le consentement du propriétaire, être louées à bail, à des personnes étrangères à la population moï autochtone.

ART. 2. — Les baux, du type emphytéotique du droit français ne seront valables qu'autant qu'ils auront reçu l'approbation prévue par les articles 1 et 2 de l'arrêté du 30 juillet 1923 réglementant la colonisation dans l'Hinterland moï.

ART. 3. — Les baux ainsi consentis confèrent aux preneurs un droit réel susceptible d'hypothèque pouvant être cédé et saisi dans les formes prescrites pour la saisie immobilière sous réserve des droits du propriétaire. Ils devront être consentis pour plus de dix-huit années, et ne pourront dépasser quatre-vingt-dix-neuf ans. Ils ne peuvent se prolonger par tacite reconduction. Ils ne pourront être cédés qu'après autorisation de l'Administration.

ART. 4. — Les baux pourront être remplacés par des conventions portant définitivement transfert de la propriété des terrains loués lorsque l'Administration supérieure le jugera possible. Les ventes de terrains ainsi faites ne pourront l'être qu'avec le consentement du ou des propriétaires et l'approbation de l'Administration, et suivant une réglementation ultérieure qui fixera les modalités des conventions aboutissant à un transfert définitif de propriété des

terrains visés à l'article premier du présent arrêté. Le locataire aura, dan
ce cas, un droit de priorité.

ART. 5. — Les terrains ainsi loués devront être mis en valeur, conformé
ment aux engagements formulés dans le bail, dans un délai de cinq ans, `
compter du jour de la notification, aux parties, de l'approbation prévue `
l'article 2 du présent arrêté, date à partir de laquelle commencera à couri
la durée du bail. Ceux qui ne seront pas mis en valeur, à cette date, feron
retour à leur propriétaire.

ART. 6. — Le retour des terrains aux propriétaires sera prononcé par l
Résident ou par le Résident Supérieur, suivant le cas, après avis donné pa
une Commission, chargée de constater l'état de mise en valeur de tous les ter
rains loués à l'expiration du délai de cinq années. Le Président de la Commis
sion, invitera, par lettre, le locataire à assister aux opérations de constatation.

Le locataire ne doit pas diminuer la valeur du fonds: notamment les
terrains non cultivés ne doivent être ni déboisés ni exploités.

Si les terrains ont subi une dépréciation du fonds, du fait du locataire, ce
dernier sera tenu d'indemniser le propriétaire. La Commission prévue
ci-dessus fixera après constatation sur les lieux :

1°) le montant de l'indemnité à payer ;

2°) la superficie des terrains non mis en culture, faisant retour au
propriétaire.

Un avenant au bail sera dressé. Il indiquera la superficie restant en location et le montant de la redevance annuelle à payer dorénavant au bailleur.

La Commission prévue ci-dessus aura la composition suivante :

Le Résident Chef de province ou son Délégué ;

Un fonctionnaire des Travaux Publics ;

Le Phu moï de Djiring ou le Huyen moï de Tan-Khai, suivant le cas ;

Le Chef de canton où sont situés les biens ;

Le ou les propriétaires des terrains loués.

ART. 7. — L'approbation prévue à l'article 2 du présent arrêté sera donnée après avis d'une Commission qui aura la même composition que celle
prévue à l'article 6 ci-dessus. Cette Commission sera chargée de rechercher
et déterminer de façon précise :

1°) l'origine de la propriété ;

2°) l'identité des vrais propriétaires ;

3°) le consentement de ces derniers ;

4°) la délimitation exacte des terrains ;

5°) si l'aliénation demandée n'est pas de nature à compromettre dans
l'avenir le développement économique de la région, en restreignant les possibilités d'extension culturale nécessitées par une augmentation éventuelle et
normale du chiffre de la population.

ART. 8. — Ne pourront être admis comme locataires ou propriétaires
des terres appartenant aux villages, aux familles ou aux indigènes moï, que

les Français d'origine, les naturalisés français, les sujets ou protégés français jouissant de leurs droits civils.

Art. 9. — Toute personne désirant contracter un bail dans les conditions ci-dessus, adressera au Résident Chef de province du Haut-Donai, qui en délivrera récipissé, une demande indiquant les noms et prénoms, qualité et domicile du ou des bailleurs.

Elle indiquera également l'objet de la concession, la nature et les superficies des cultures projetées.

Cette demande sera accompagnée :

1°) des pièces attestant la qualité du demandeur : nom, prénoms, date de naissance, nationalité, domiciles, et des statuts et divers actes de constitution de société lorsqu'il s'agit d'une société;

2°) d'un plan exact des terrains dont il demande la location en triple expédition. Le dit plan devra être :

 dressé à l'échelle du 1/10.000 ;

 coté ;

 orienté au Nord vrai et rattaché à quelque point fixe remarquable à la surface du sol.

Ce plan sera vérifié par l'Administration aux frais du demandeur.

Art. 10. — Les demandes seront rendues publiques par des affiches rédigées en français et en quoc-ngu et apposées au chef-lieu de la province, au lieu de la situation des biens, et dans les villages limitrophes.

Les oppositions seront reçues pendant un délai de un mois après affichage.

Il sera statué sur ces oppositions par le Résident chef de province dans le délai de un mois après leur réception.

Art. 11. — Les demandeurs devront faire élection de domicile au chef-lieu de la province du Haut-Donai. Faute par eux de le faire, tous actes et communications leur seront valablement signifiés dans les Bureaux du Chef de province.

Art. 12. — Les baux ne comprennent que la surface du sol.

Sont réservés :

1°) Les voies de communication existant au moment du contrat, traversant ou bordant les terrains loués ou cédés ainsi que l'accès aux tombeaux, pagodes, édifices du culte ou monuments historiques, tels que ces lieux seront déterminés par arrêté des Autorités locales et toutes servitudes légales;

2°) Les objets précieux ou antiques susceptibles d'exister dans les propriétés louées ou cédées;

3°) Les mamelons, rochers ou carrières de matériaux de construction dont l'Administration estimerait la réserve utile en vue d'une extraction de matériaux pour travaux d'utilité publique. Les carrières de matériaux non réservés sont compris dans les baux, étant bien entendu qu'elles doivent, le cas échéant, être exploitées dans les conditions des règlements en vigueur sur la matière;

4°) Les droits du domaine sur les scories et autres produits de l'exploitation des mines situés à la surface ou enfouis dans le sol ;

5°) Les droits des permissionnaires ou concessionnaires de mines ayant déjà obtenu ou qui pourraient obtenir ultérieurement l'autorisation temporaire prévue par les articles 58 du décret du 25 février 1897 et 52, 53 et 70 du décret du 26 janvier 1912.

ART. 13. — Les terrains mesurant une superficie supérieure à dix hectares et traversés ou bornés par des cours d'eau navigables ou flottables ou des voies de communication ne peuvent avoir, sur ces voies ou cours d'eau, un développement excédant le tiers de leur périmètre total.

ART. 14. — Les autorités locales se réservent le droit de reprendre à une époque quelconque le libre usage des terrains qui seraient nécessaires aux besoins des services de l'Etat ou de la Colonie et à tous les travaux d'utilité publique qu'elles jugeraient convenable d'exécuter ou de faire exécuter par les cessionnaires de ces services publics.

Cette reprise aura lieu :

1°) Si les terrains ne sont pas mis en exploitation, sans aucune indemnité, autre que le remboursement des fermages payés, si les terrains sont repris avant l'expiration du délai de mise en valeur, la superficie en sera diminuée sur les baux respectifs ;

2°) S'il s'agit de terrains bâtis ou mis en exploitation moyennant une indemnité à fixer de concert avec le locataire ; en cas de désaccord il sera statué par le tribunal compétent, l'expertise sera obligatoire si elle est demandée par l'une des parties et il y sera procédé dans les formes prévues par les articles 302 et suivants du Code de procédure civile ;

3°) Dans tous les cas, la reprise des dits terrains par l'Administration établira le droit, au profit des propriétaires à l'allocation d'une indemnité de déguerpissement dont le montant sera fixé par la Commission prévue à l'art. 6 du présent arrêté après expertise sur les lieux et en présence des propriétaires.

ART. 15. — En cas de décès du locataire, ses héritiers lui seront substitués de plein droit. Ils devront, s'ils ne sont pas présents, se faire représenter par un mandataire spécial dans un délai maximum de un an à partir du jour du décès du locataire, faute de quoi les terrains reviendront de plein droit au bailleur et sans que les héritiers puissent prétendre à aucune indemnité.

ART. 16. — Le locataire sera tenu de payer, à compter du 1ᵉʳ janvier qui suivra l'acceptation du bail, l'impôt foncier suivant les tarifs en vigueur en Annam.

ART. 17. — Le paiement des termes échus pour la location et celui des cessions devront être effectués en présence d'un agent de l'Administration qui délivrera un certificat de constatation. Cet agent devra tenir un contrôle des paiements ainsi effectués.

ART. 18. — Un registre sera ouvert au chef-lieu de la province pour l'enregistrement des baux et des ventes passés dans les conditions ci-dessus et inscription des paiements.

ART. 19. — Toute location ou transmission de propriété effectuée contrairement aux dispositions ci-dessus sera nulle de plein droit et entraînera le retour pur et simple au propriétaire de l'immeuble, libre de tous droits réels constitués depuis l'acte de location ou de cession illicite.

ART. 20. — Le Directeur des Bureaux de la Résidence supérieure et le Résident de France au Haut-Donai sont chargés, chacun en ce qui le concerne, de l'exécution du présent arrêté.

Hué, le 15 mars 1925.

Signé :　P. PASQUIER

Pour ampliation :

p. le *Chef du Cabinet,*

Signé :　LABBEY

Examinons maintenant, quelle était la situation des terres rouges de cette province à fin décembre 1926, en application de l'arrêté précité.

Concessions accordées à titre domanial

Au profit de : Société Honquan à Pfinom, Société française financière et coloniale (Concession d'Entre-Rays et Concession Lien Khanh), Concession Caussin à Pfinom, Concession Derripon à Lebourg, Concession Gay à R. Lum.

Concessions louées à bail emphytéotique pour 99 ans

Au profit de : MM. Roton, Marc, Guignes, Bertrand, Deffis, Ponnau, Appert, Orsini, Héraud, Mme Héraud, MM. Bec, Hérisson, Jumeau, Société Agricole de Djiring, MM. Girard, Delpech, Laure, Del Pietro, Soulier, Jacquemart, Bru, Caussin, Frassetto.

Demandes de concessions à bail emphytéotique ou domaniales en instance de décision ou louées du 1ᵉʳ janvier au 25 mars 1927

Au bénéfice de : Société Agricole de Djiring, Société des Plantations de Djiring, MM. Bru, Grimaldi, Guerrier, Leservoisier, E. Vigier-Latour, G. Vigier-Latour, Olivier, Barbage, Jullien, Pomaret, Larue et de la Pomeraie, Borel et Lasserre, Hérisson, Pierret, Mᵐᵉ Biétry, M. Jessula, Mᵐᵉ Guyonnet, Mᵐᵉ Biétry, Mᵐᵉ de la Souchère, MM. Desanti, M. Gantier, M. Boy Landry, M. Deleurance.

L'ensemble des concessions accordées ou en instance, représente la presque totalité des terres rouges accessibles de la province, soit 150.000 hectares environ. Elles ont été aliénées gratuitement par la Colonie ou louées à raison de 20 cents l'hectare. Il faut noter que cette région est située à 300 kilomètres de Saïgon, qu'elle est desservie par une très bonne route empierrée (la route de Dalat) et qu'une nouvelle route actuellement en construction et dont les travaux sont poussés activement la mettra, demain, à 200 kilomètres seulement de la capitale du Sud.

Jeunes Rhadés tirant à l'arc dans la forêt clairière.

LA MISE EN VALEUR DE NOS COLONIES

Ce que devrait être le régime des concessions en Indo-Chine

Pour mettre en valeur un pays, il ne suffit pas de discourir, de publier des articles de revues et de journaux. Ce n'est ni avec des paroles, ni avec des écrits que la France tirera de ses colonies le caoutchouc, le café, le thé, les huiles, le coton et d'une façon générale tous les produits exotiques qu'elle achète à prix d'or à l'étranger.

La mise au net sur le papier d'un programme de mise en valeur de nos colonies ne procurera rien à la Métropole, si elle n'est appuyée d'un large octroi de concessions de toutes sortes.

En ce qui concerne plus particulièrement l'Indo-Chine, les terrains cultivables sont-ils donc si rares, les surfaces cultivées tellement importantes, pour que, chaque fois qu'un groupe nouveau tente de s'y installer, se déchaîne contre lui une tempête de haines et de jalousies.

La production caoutchoutière française est loin de combler nos besoins, nous ne produisons pas encore de thés et nous achetons annuellement pour 1 milliard 500 millions de café. Il en est de même des autres produits et nous avons le deuxième empire colonial du monde. N'y a-t-il pas là une constatation troublante ? Sait-on en France que le capital total, investi par la France dans ses colonies, ne dépasse guère celui de certaines firmes anglaises?

Il y a, en Indo-Chine, plus de deux millions d'hectares de bonnes terres à mettre en valeur. A-t-on songé, en France, à ce que représenterait en richesses leur mise en exploitation ?

Ne nous sommes-nous donc installés dans une si belle colonie, que pour laisser stériles des régions immenses et n'avons-nous pas le devoir de penser à fournir, non seulement la France des produits dont elle a besoin, mais encore d'exporter dans le monde entier ces mêmes produits ?

Mais pour mettre ces terrains en valeur, que faut-il donc ? Est-ce le Gouvernement qui se chargera d'engager les centaines et les centaines de millions nécessaires pour défricher, planter, entretenir, édifier maisons et usines ?

Ce qu'il faut aux Colonies, ce qu'il faut à l'Indo-Chine, ce sont des capitaux et des hommes. Des capitaux massifs, indispensables pour mener à bien les grandes exploitations. Des hommes jeunes, ardents, courageux, ayant l'âme et l'étoffe de Chefs.

Les hommes, attirés par l'espoir d'une vie plus large, n'hésitent plus à s'expatrier. Chaque courrier en emporte un certain nombre. Ils constitueront, demain, les cadres de nos grandes exploitations d'outre-mer.

Les capitaux français, encouragés par les dividendes payés par maintes sociétés coloniales, sont moins timides. Les capitalistes français, investissent volontiers leurs disponibilités, dans des entreprises coloniales. Pourquoi donc les décourager, par des critiques injustifiées.

Que le Parlement, dont c'est le devoir, protège l'épargne publique en réglementant la constitution des Sociétés, en fixant des règles rigides pour l'introduction en Bourse des actions et parts de fondateurs, rien de plus souhaitable. Mais que l'octroi d'une concession à des gens ayant un passé colonial, des connaissances techniques et des références de premier ordre puisse soulever les protestations indignées de coloniaux dont la fortune s'est faite aux colonies, voilà qui est inconcevable et qui dépasse l'entendement.

Voilà aussi, qui doit remplir d'aise nos rivaux en économie coloniale.

Pour mettre en valeur notre empire colonial, il faut attirer les capitaux et bien se garder de toute campagne inconsidérée contre les valeurs coloniales.

La porte de nos colonies doit être ouverte largement à tous ceux qui sont capables d'y faire quelque chose, et le Gouvernement se doit de faciliter l'effort de nos nationaux et non de le paralyser par la mise en œuvre d'une bureaucratie routinière.

Nous avons souligné l'étendue des surfaces bonnes à être cultivées en Indo-Chine. Nous allons maintenant dire quel devrait être à notre sens le mode le plus équitable, le plus rationnel d'aliénation des concessions.

Et d'abord, nous estimons qu'un régime unique devrait être appliqué à l'ensemble des pays de l'Union Indo-Chinoise.

Pourquoi, ici, le régime dit de la vente aux enchères publiques, là, celui de la vente de gré à gré, ailleurs, l'aliénation gratuite?

Avec le procédé de la vente aux enchères, on favorise trop souvent des combinaisons au détriment de la Colonie.

Ne serait-il pas plus équitable d'établir, une fois pour toutes, un barême du prix de vente des concessions, tenant compte à la fois, des qualités chimiques et physiques des terres, de leur situation, de leur éloignement des grands centres, des voies navigables, des voies ferrées et des routes, des possibilités de main-d'œuvre de la région ? Ce mode d'aliénation, aurait le grand avantage de réserver d'une façon intangible les droits de l'inventeur du terrain, de supprimer les marchandages et d'empêcher les enchères exagérées lorsqu'un groupe ou un particulier veulent écarter un gêneur moins fortuné.

Il est bien certain, qu'une terre qui se trouve en bordure d'une voie navigable à 40 kilomètres de Saïgon vaut, à qualité égale, vingt et trente fois plus que celle située à l'intérieur des terres, à 200 kilomètres d'un centre d'évacuation, où tout est à faire, en commençant par la route.

Dresser un inventaire des terrains disponibles, en fixer la valeur, créer à Saïgon, porte de l'Indo-Chine, un bureau de renseignements où tous ces documents constamment tenus à jour seraient centralisés et à la disposition du public faciliteraient singulièrement la tâche de ceux qui s'intéressent au développement de l'agriculture coloniale.

La garde indigène à Ban-Me-Thuot. Groupe de Rhadés.

LE DARLAC

Quel est donc ce nouvel Eden, cette terre promise, hier ignoré, aujourd'hui passé au premier plan de l'actualité Indo-Chinoise.

Le Darlac, patrie des Rhadés, des Mnongs et des Bihs, est une province de l'hinterland Moï située entre le douzième et le treizième degré de latitude Nord. Ses limites sont, au Nord, la province du Kontum; à l'Est, les provinces Annamites de Song-Cau et de Nha-trang; au Sud, la province du Haut-Donai (Djiring-Langbian) ; à l'Ouest, le Cambodge.

Ban-Me-Thuot, chef-lieu de la province, est situé à 160 kilomètres de la côte (région de Ninh-Hoa), et à 800 kilomètres de Saïgon.

La conformation de la province du Darlac, d'origine volcanique, est faite de vastes plateaux légèrement ondulés, arrosés par de nombreux ruisseaux. Leur altitude varie entre 350 et 700 mètres.

Sa superficie peut être évaluée, très approximativement, à 1.500.000 hectares. Celle des terres rouges, d'après les derniers travaux, à 380.000.

L'Administration française estime, d'autre part, à 120.000 le nombre de ses habitants.

La population autochtone du Darlac vit, très misérablement, sur une terre fertile des produits du sol et de la chasse.

Le Moï du Darlac, comme la plupart des primitifs, est paresseux, imprévoyant, nomade et superstitieux.

Dans un pays où le sol est encore riche (malgré les déprédations commises par ses habitants), règne chaque année une disette effroyable qui dure plusieurs mois et pendant laquelle l'Administration se trouve dans l'obligation de ravitailler en riz la population.

La politique de M. Sabatier au Darlac

L'ancien Résident de France au Darlac, M. Sabatier, s'est toujours refusé à laisser pénétrer la colonisation dans sa province.

Certains de ses amis disent volontiers que M. Sabatier n'était pas opposé à cette pénétration, qu'il n'avait fermé le Darlac qu'en attendant que son réseau de routes soit terminé, dans l'intérêt même de la colonisation dont il voulait assurer les voies de communication avant l'ouverture. Il voulait aussi, disent-ils, donner aux élèves Rhadés de l'internat, une connaissance suffisante de notre langue, pour éviter l'introduction dans les exploitations d'éléments annamites dont il redoutait la corruption.

Ses adversaires prétendent, au contraire, qu'il voulait fermer à demeure une province aux terres riches dans le seul but de conserver, d'améliorer, de préserver la race autochtone et de régner en maître absolu sur ses sujets.

Je ne puis pas croire que telles étaient les idées de M. Sabatier et de ses supérieurs. Car enfin, il faut bien avoir le courage de l'écrire; malgré une légende qu'on a cherché à accréditer suivant laquelle les Rhadés constitueraient une espèce d'aristocratie Moï, on chercherait en vain dans tout le Darlac, une supériorité morale, ou intellectuelle de ses habitants, sur ceux des provinces voisines. Les Moïs se ressemblent partout, mêmes mœurs, mêmes coutumes, mêmes méthodes de culture (j'allais écrire de dévastation du sol). On chercherait en vain, dans tout le Darlac, l'homme qui émerge vraiment de la masse. Les grands Chefs du Darlac, le Kounjnob, Me-Wal, Ma-Blih, Man N. Gai pour ne citer que les plus connus, ont-ils à un moment quelconque essayé de donner à ce peuple de primitifs une conscience d'homme, ont-ils par leur action personnelle, contribué à améliorer d'un atome le sort de ces misérables tribus ?

N'ont-il pas plutôt imposé, leur autorité par la crainte, les sévices et les exactions commises ?

La race Moï que l'on parle de conserver, est en voie de disparition. Elle disparaîtra sûrement en moins d'un siècle, vaincue par les épidémies effroyables qui la décime chaque année, par le manque de nourriture, d'hygiène, de confort dans l'habitation et le vêtement, si des conditions plus compatibles avec la vie humaine ne lui sont imposées par la civilisation occidentale.

Pour se rendre compte de cette diminution de la race Moï, il faut pénétrer dans les villages à l'intérieur des terres : l'esprit observateur est frappé du petit nombre d'enfants, de vieillards qui s'y trouve, la population est adulte et il faut le reconnaître, on rencontre de beaux sujets, car la terrible sélection se fait sur l'enfance. L'enfant rachitique, scrofuleux, mal venu, ne peut résister aux dures conditions de vie dans la forêt; les maladies de la poitrine (congestion pulmonaire, tuberculose) éliminent un très gros pourcentage de la population, les épidémies font le reste.

Mal nourri, pas vêtu, mal logé, le Moï supporte mal les grands vents et la température de 10 à 12° des mois d'hiver.

Fermer le Darlac aux Européens, ce n'est pas améliorer, préserver la race autochtone, c'est, au contraire, la laisser disparaître, et cette opinion est celle de tous les médecins qui connaissent ces régions.

C'est en créant à ces peuplades primitives des besoins, en les amenant progressivement à mieux se nourrir, à se vêtir, à se mieux loger; c'est en créant des dispensaires, des infirmeries, en organisant la lutte contre les maladies, en améliorant la natalité que nous sauverons les Moïs de la disparition qui les guette.

Cette politique est une politique humaine de régénération d'une race, c'est la seule compatible avec l'idée que nous nous faisons en France de ce que doit être la colonisation d'un pays.

La politique française, ne peut pas ne pas être la même, dans tous les pays Moïs : que ce soit au Kontum, au Darlac, dans le Haut-Donai ou chez les Moïs de la Cochinchine et du Cambodge.

La France n'est pas allée au Darlac pour en fermer la porte aux Français, ce serait un non sens et c'est pourquoi je me rallie volontiers à la thèse soutenue par les amis de M. Sabatier.

Plantation Ea-Knoett, types de Moïesses.

La colonisation au Darlac

Nous avons vu dans un chapitre précédent, que le Darlac a une superficie d'environ 1.500.000 hectares peuplée de 120.000 habitants. Il nous reste à examiner, si eu égard à ces chiffres, on peut disposer au Darlac de terres pour la colonisation européenne sans gêne pour les autochtones.

Des gens de bonne foi, sans doute, diront qu'il faut aux Moïs, de par leurs méthodes de culture, des étendues immenses.

C'est exact en apparence, puisque le Moï travaille sur son ray (terrain de culture) pendant deux années consécutives, qu'il l'abandonne ensuite à la forêt pour y revenir au bout de 8 à 10 ans. Ce mode de culture est encore aggravé, par le fait que les villages se déplacent fréquemment. *Il s'ensuit que les terrains cultivés changent constamment de place et que les parties déboisées des plateaux Moïs vues à bord d'un avion, donnent l'illusion de régions cultivées.*

Pour établir son ray, le Moï, à chaque saison, brûle la forêt, détruisant ainsi une partie de la couche d'humus; les pluies torrentielles qui tombent sur ces vastes régions déboisées, entraînent ce qui en reste vers les rivières et les bas-fonds, et c'est ainsi que d'immenses étendues de sol riche, jadis boisées sont appauvries au point que nulle culture n'est possible sans la régénération du sol.

Les premiers Européens établis au Kontum, les missionnaires (j'ai eu à ce sujet, récemment, un entretien fort intéressant avec le Révérend Père Nicolas, fixé depuis plus de vingt ans dans la région de Pleiku), se souviennent fort bien des immenses régions boisées, aujourd'hui disparues et sur le sol desquelles, pousse actuellement un maigre alang-alang (chiendent). Les Moïs ont passé par là et ils ont disparu avec la fécondité de la terre.

Devons-nous laisser les Moïs faire de leur pays un désert, et n'avons-nous pas le devoir de mettre un peu d'ordre dans cette anarchie ?

Quelle surface faut-il cultiver pour approvisionner en riz une population de 120.000 habitants ?

Si on admet une consommation moyenne de un kilogramme par tête et par jour (adultes et enfants) ; il faut pour nourrir pendant une année toute la population du Darlac, environ 45.000 tonnes de riz. D'autre part, le rendement moyen à l'hectare en riz de montagne étant de 800 kilos, il faudra ensemencer environ 50.000 hectares, surface double sinon triple de la totalité des terres ensemencées annuellement dans la province.

Ce simple calcul démontre d'une façon irréfutable que, déduction faite des terrains nécessaires à l'alimentation du cheptel indigène, il reste à la disposition de la colonisation européenne, des surfaces immenses. On peut, sans crainte d'être taxé de sous estimation, évaluer à 2 % de la surface totale du pays, les régions cultivées.

Et alors une question se pose. Sommes-nous allés en Indo-Chine pour mettre en valeur le pays, et devons-nous attendre pour mettre en culture le Darlac que ses terres soient entièrement déboisées et appauvries ?

Fermer le Darlac pour la conservation de la race autochtone. Quelle drôle de conception ! Dans quel but et pourquoi le Darlac ? Pourquoi ne pas fermer purement et simplement l'Indo-Chine à la colonisation s'il est démontré que cette dernière est nuisible aux intérêts de la collectivité indigène. Les Annamites, les Cambodgiens, les Tonkinois, les Laotiens, les Moïs des autres provinces, ne sont pas, que je sache, moins intéressants à conserver.

A une époque où l'humanité tout entière a besoin des produits exotiques du sol, à un moment où la France compte sur ses colonies pour l'aider à se relever, nous n'avons pas le droit de laisser incultes, nous n'avons pas le droit de laisser dévaster par leurs habitants des terres fertiles qui ne demandent qu'à être fécondées,

Mais objectera-t-on, les intéressés, ces Moïs sont-ils partisans de la colonisation européenne ?

Je réponds nettement oui.

Au début de chaque année, se déroule au Darlac une cérémonie, la fête du serment, au cours de laquelle les Chefs et notables de tous les villages, viennent échanger le bracelet, réitérant ainsi leur serment de fidélité à la France.

Or, chaque année, le plus autorisé d'entre-eux, le Kounjnob, Chevalier de la Légion d'Honneur, parlant au nom de la population tout entière, faisait connaître *au Résident de France au Darlac le désir des habitants de voir s'implanter dans le pays des Français planteurs et commerçants.*

Ces Rhadés, pour primitifs qu'ils soient, ne sont pas absolument dénués d'intelligence, et les plus intelligents parmi les jeunes, les rares favorisés qui ont fréquenté les collèges de Quinhon et d'Hué, ont fait depuis longtemps entrevoir à leur entourage tout le profit que pourraient tirer les Moïs de la mise en valeur de leur pays.

Objectera-t-on encore que ces régions sont relativement peu peuplées et que la question de main-d'œuvre empêchera l'essor de la colonisation. Evidemment cette question est grave et il faudra lui trouver une solution, d'autant plus que le Moï n'est pas habitué à un travail régulier, qu'il travaille par intermittence et que ses aptitudes le prédispose surtout à l'abattage de la forêt et au défrichement. Cette question, au surplus, n'est pas particulière aux régions Moïs, elle intéresse l'Indo-Chine tout entière et il devient de plus en plus urgent de la résoudre.

Nous connaissons le bel effort de nos voisins hollandais, aux Indes Néerlandaises, qui ont fait de l'Ile de Java une colonie splendide dont la population, au kilomètre carré, est aujourd'hui supérieure à celle de la Belgique, et constitue un réservoir unique de main-d'œuvre pour les îles voisines de Sumatra et Bornéo.

Sumatra, pays de grande colonisation, a une population, les Bataks, dont l'origine se rapproche de celle des Moïs d'Indo-Chine, mêmes mœurs, mêmes coutumes, nombreux mots communs aux deux langues, mêmes aptitudes au travail, mêmes dévastations du pays par l'incendie des forêts.

Dès les débuts de la colonisation à Sumatra, le problème de la main-d'œuvre s'est posé pour les Hollandais comme il se pose pour nous dans les pays Moïs. L'émigration de l'excédent de la population Javanaise vers Sumatra a été organisée, et le contact des Javanais, loin de nuire aux Bataks, a permis à ceux-ci de s'adapter à la civilisation moderne au point de fournir aux exploitations, non seulement des travailleurs manuels, mais encore des secrétaires et ouvriers de métier excellents.

Le Batak a abandonné le fétichisme, il s'habille, se nourrit et se loge convenablement et, grâce aux organisations d'assistance publique créées dans le pays, la mortalité va en diminuant alors que croissent les naissances.

En organisant en Indo-Chine et plus particulièrement dans les régions Moïs l'immigration Javanaise ou d'autres immigrations de même origine; en appliquant, ici, les méthodes de là-bas, nous obtiendrons les mêmes résultats.

Terres indigènes ou terres domaniales

Devait-on faire droit au Darlac à la requête des Moïs sur l'origine de la propriété ? En un mot, doit-on considérer les terres du Darlac comme faisant partie du domaine ou accepter comme valables les revendications indigènes de la propriété du sol.

Par tradition, la terre appartient sans conteste aux indigènes qui se la transmettent de générations en générations suivant la loi Moï dont nous reproduisons, ci-après, la version française :

Loi de la Terre

Le propriétaire du sol doit inspecter son domaine

Van rond, van à bec, dos des ancêtres (surface de la terre), *il* (le pô lan), *doit la parcourir pour que verdisse la terre, pour que l'eau coule limpide, pour que bananes et cannes à sucre poussent abondamment.*

Tous les sept ans, lorsqu'arrive la saison sèche, une fois la coutume de la terre est qu'il (le pô lan) *la regarde, la coutume de la forêt est qu'il la visite, celui qui veille sur les arbres ktang et kdiar* (il le doit lui-même).

De crainte que l'on ne cherche à prendre les eaux, à s'emparer de la terre des chefs. De crainte que l'on ne cherche à l'arracher, que l'on ne cherche à spolier, et pour que cela ne soit pas possible.

Il y a déjà un propriétaire qui demeure et garde la terre, qui garde l'immense étendue, qui garde les arbres ktang et kdiar pour tous.

Terres des aïeules de jadis, terre des aïeux, depuis longtemps déjà, les bouches se sont succédées pour la faire connaître. Lorsque meurt l'oncle il l'a déjà apprise au neveu, lorsque meurt l'aïeule elle l'a déjà dit aux petits enfants, lorsque mourront ceux-ci, d'autres encore l'enseigneront.

Le Pô lan doit agir ainsi, Alors il n'y aura plus personne qui osera s'emparer de la terre, non, parce que si cela était, tous, jeunes hommes, génies du village, tous autant qu'ils sont, cousins et frères, tous s'entr'aideraient pour l'enlever (la terre), la soulever et la tendre à bout de bras à la maîtresse de famille, propriétaire du sol. (A na gô pô lan).

Tous les sept ans, une fois, ils lui remettront (de plein gré) qui un plein bol de riz, qui un petit panier, qui une hotte, qui une pleine corbeille de paddy, car tous voudront agir convenablement, petits frères éperviers, génies du village, qui désirent que la terre reverdisse, que l'eau nouvelle jaillisse, que bananes et cannes à sucre produisent abondamment et que les fruits arrivent à maturité,

Les aïeux l'ont su avant vous, les aïeules l'ont su avant vous, que ceci est la loi depuis l'antiquité.

*

L'Administration française, par la voix et l'action de son représentant au Darlac, a renforcé cette conviction qu'ont les Rhadés de leurs droits de propriétaires, tant et si bien, qu'il serait difficile, aujourd'hui, de leur faire admettre que les terrains appartiennent au Domaine.

Nous publions, à titre documentaire, le discours prononcé par le Résident de la Province à l'Assemblée du serment des Chefs du Darlac.

Maisons moïs à Buon-Me-Wal.

Un groupe de Coolies de la plantation Buonso.

PROVINCE DU DARLAC

Assemblée du Serment des Chefs du Darlac

LA TERRE

Lecture des lois de la terre :

LE RÉSIDENT. — *Ces lois les connaissez-vous ?*

LES CHEFS. — *Comment ne les connaîtrions-nous pas ?*

LE RÉSIDENT. — *Vous les avez oubliées.*

LES CHEFS. — *Comment les aurions-nous oubliées, les lois de nos ancêtres de jadis ?*

LE RÉSIDENT. — *Vous agissez comme si vous ne les connaissiez pas, comme si vous les aviez oubliées. Les grands Chefs sont morts, tous, eux qui connaissaient les lois de la terre, eux qui les enseignaient et savaient leur obéir ; aussi étaient-ils de grands Chefs, riches et puissants, portant double turban et la gibecière. Tandis que vous, vous tous, vous êtes de maigres chiens errants qui vous déchirez entre vous. Les génies de la terre et de l'eau ne vous connaissent plus. Les sacrifices que vous leur faites sont des mensonges. Qu'importe que vous leur sacrifiez des porcs et des buffles, qu'importe ces sacrifices de l'année nouvelle si, chaque année, au mois des uay iut, vous faites du Darlac une immense et seule flamme, si le feu que vous allumez détruit toute la surface de la terre, pénètre en elle jusqu'à sécher les racines des arbres, des bambous, de la paillote que les génies de la terre font pousser pour vous permettre de construire vos maisons, les racines des arbres ktang et des arbres kdiars sur lesquels essaiment les abeilles, les racines des arbres smun, des arbres smut qui sont des arbres génies. Et voilà pourquoi, depuis longtemps, vous souffrez de la disette.*

Le Maître du ciel vous a donné la semence des riz hdro, blah wiet et a na, qui poussent à des époques différentes pour que vos récoltes ne soient jamais perdues en totalité. Je vous l'ai dit l'année dernière : « Faites de chacune de ces espèces un ray assez grand pour votre nourriture d'une année. » Vous l'ai-je dit ?

LES CHEFS. — *Vous l'avez ordonné.*

LE RÉSIDENT. — *Vous avez dit « oui » et vous ne l'avez pas fait. L'année dernière, la pluie qui a anéanti la récolte des riz hdro, blah et wiet, a rendu abondante celle du riz a na, mais vous n'aviez pas suffisamment semé et vous avez eu faim.*

Cette année, la chaleur précoce qui a si bien fait mûrir les riz hdro, blah et wiet a desséché la tige du riz a na, mais vous n'aviez pas suffisamment semé et vous avez eu faim,

Les génies de la terre et de l'eau vous ont donné des rivières, des terres basses et des marais pour que les récoltes de la saison des pluies étant perdues vous puissiez faire des rizières d'été. Je vous ai ordonné d'en faire l'année dernière, vous l'ai-je ordonné ?

LES CHEFS. — *Vous l'avez ordonné.*

LE RÉSIDENT. — *Vous avez répondu « oui » et vous ne l'avez pas fait et vous avez eu faim. Qu'avez-vous fait pour pouvoir vivre ?*

LES CHEFS. — *Nous avons mangé des tubercules et des herbes de la forêt.*

LE RÉSIDENT. — *Oui, vous avez volé les aliments des sangliers, des cerfs, des animaux sauvages, que le Maître du Ciel a mis dans la forêt pour que vous puissiez chasser et avoir de la viande. Etes-vous des hommes, vous qui vous nourrissez comme des bêtes et volez la nourriture des bêtes sauvages. Non, vous n'êtes pas des hommes. C'est pourquoi les génies de la terre et de l'eau ne vous connaissent plus. C'est pourquoi cette terre que le Maître du Ciel donna aux familles A ium, Eban, Hdrué à la sortie du Bnag-Hdrenh, cette terre qui nourrit vos ancêtres pendant mille générations, les étrangers viendront vous la prendre. Ils vous la prendront et les génies de la terre et de l'eau la laisseront prendre, pour qu'ils la cultivent, parce qu'il est sacrilège de laisser la terre inoccupée et inculte, et vous serez les esclaves de ces étrangers comme le sont déjà les djarays de la terre et de la corne de Cerf.*

LES CHEFS. — *Comment serions-nous leurs esclaves si nous ne le voulons pas ?*

LE RÉSIDENT. — *Vous le serez quand même, la loi de la terre est plus forte que vous.*

J'ai chassé les étrangers qui vous volaient, qui désorganisaient vos familles, vos villages, offensaient les esprits de vos morts, mais je ne pourrai les empêcher de venir cultiver vos terres parce que la loi de la terre est plus forte que vous, et plus forte que moi sans vous.

LES CHEFS. — *Que devons-nous faire ?*

LE RÉSIDENT. — *Têtes dures de poissons, ḳroa et de poissons ḳenh, je vous l'ai déjà dit ce qu'il fallait faire. Bien que vous ne soyez que des buffles, je veux essayer de vous sauver encore, mais je ferai se repentir ceux qui ne m'obéiront pas. Je vous ordonne de faire de la rizière d'été partout où il y a des marais et des terres basses pouvant être irriguées. Vous barrerez les rivières partout où cela sera possible. Sur les berges vous ferez des champs de maïs et de patates que vous récolterez et ferez sécher pour la saison ian mde phun. Vous tous les rhadés, mdhurs, adham et ḳrung, je vous interdis d'aller acheter du riz chez les mnongs et les bihs. Vous devez vous nourrir sur votre propre terre. Vous bihs, mong riam et mong gar, je vous interdis de vendre votre riz de première récolte aux gens de la terre rouge. Votre riz, je vous l'achèterai pour nourrir vos enfants qui sont à l'école. Cette année a été, pour moi, une année de honte, car j'ai dû acheter le riz des Annamites pour nourrir vos enfants, j'ai dû leur donner 4.000 de vos piastres, c'est-à-dire la valeur de quatre éléphants mâles de cinq coudées, ou de 200 buffles ou de 60 gongs tahar, pour acheter ce riz. Si vous m'aviez obéi, c'est vous les mongs riam qui auriez eu ces éléphants, ces buffles, ces gongs tahar.*

Si les grands chefs français savaient cela, ils diraient que je suis un menteur, car je leur ai affirmé que vous pouviez vous suffire à vous-mêmes, et que vous n'aviez pas besoin des étrangers. Cette année je ne veux pas de riz étranger, je veux que vous le fournissiez, vous, les mnongs, des terres grises, des terres fertiles du grand lac. Je vous ordonne de faire des rizières d'été. Je vous ordonne en plus de labourer au lieu de piétiner la rizière. Je vous ai dit qu'un seul homme avec un seul buffle tirant une charrue, faisait avec moins de peine le même travail que dix hommes et dix buffles la piétinant.

Toi, Y Baḳ, qui te fais appeler le seigneur du Paddy, qu'est cela ? J'interdis que l'on t'appelle ainsi, sinon pour se moquer de toi, tant que tes rizières ne seront pas labourées. Je vais vous remettre vingt charrues.

Y Djut et Y Dong qui ont appris à Hué, vous apprendront à en fabriquer et à vous en servir. Avez-vous entendu ?

LES CHEFS. — *Oui.*

LE RÉSIDENT. — *Avez-vous tous bien compris ?*

LES CHEFS. — *Oui.*

Le Résident. — *Si vous avez bien compris, il n'y aura pas de disette cette année. Si dans les villages je vois un homme maigre, je mettrai en prison le chef de ce village. Ce n'est pas tout. Je vous ai distribué 10.000 pieds de café, je vous en distribuerai, cette année, 30.000. Je vous ai dit que chaque inscrit devait planter 10 pieds de café, et que, à partir de 1929, les corvées seraient rachetées avec du café. Cela, c'est pour que ceux qui le veulent deviennent riches, pour que ceux qui le voudront aient beaucoup de gongs renflés et de gongs plats. Plus vous planterez de café, plus vous serez riches, et cela sans vous fatiguer.*

Je vous donne depuis deux ans des graines de coton du Cambodge, pour remplacer le vôtre qui produit peu. J'attendrai deux ans encore, après quoi je punirai les villages qui n'auront pas de coton à vendre. C'est tout. Et vous m'obéirez, sinon je vous abandonne. Un Ay nouveau viendra qui ne vous connaîtra pas et laissera venir les étrangers comme autrefois, et vous deviendrez comme les « thang moy », vous, que maintenant ils appellent les frères aînés.

Ecoutez bien ceci : La loi « Pô lan hiu bang lan dle » ordonne au Pô lan de visiter la terre tous les sept ans, une fois, pour affirmer ses droits de propriété, elle ordonne que les habitants sur cette terre lui fassent l'offrande des produits de la terre, pour que les génies de la terre la rendent fertile et féconde, elle vous ordonne de vous entr'aider pour empêcher qu'on vous prenne la terre. Les grands malheurs de votre pays ont fait négliger le respect de cette loi dans beaucoup de tribus,

Beaucoup de Pô lans sont devenus pauvres, beaucoup de familles, propriétaires, ont été dispersées par la guerre, de mauvais sujets se sont enrichis et ont usurpé le titre de Pô lan. Tout est rentré dans l'ordre depuis que la France vous protège, la terre est rendue aux familles spoliées et les usurpateurs sont dépossédés et punis. Mais parce que la France vous a apporté la justice, la sécurité pour vos personnes, vos biens, vos libertés et vos croyances, vous pensez que son représentant doit tout faire et que lorsque vous avez exécuté ou racheté vos prestations et fait quelques sacrifices aux génies, vous croyez qu'il ne vous reste plus qu'à vous coucher, dormir et vous disputer. Les jeunes gens qui n'ont pas connu les années de guerre, d'insécurité et d'esclavage sont les plus paresseux et les plus insouciants. N'étant plus capables de cultiver le sol des ancêtres, vous n'êtes plus capables de le défendre et de le conserver. Je crains cela! Je crains que votre sol passe en des mains étrangères comme s'en sont allés les grands patrimoines acquis dans les siècles antérieurs par le labeur d'innombrables générations. *Vous vendrez la terre des ancêtres, comme vous avez vendu leurs gongs chings sonores, leurs gongs plats harmonieux qui si longtemps ont charmé jusqu'aux animaux de la forêt, comme vous avez vendu leurs jarres précieuses, les jarres génies qui scellèrent tant de contrats et réjouirent tant de générations. Vous les avez vendus pour acheter du riz parce que c'est moins fatigant que de travailler la terre. Vous vendrez la terre pour la même raison.*

LES CHEFS. — *Comment oserions-nous vendre « le dos des ancêtres » ?*

LE RÉSIDENT. — *Les jeunes le vendront. Pour un gain immédiat, trompeur et périssable, ils engageront avec la terre leur vie et leur liberté. Malheur à vous tous. Ils seront les misérables esclaves des étrangers. Ils vendront avec la terre les génies des eaux, les génies des montagnes, les génies des rochers; ils vendront les esprits des ossements et les refuges des âmes non réincarnées. Et la race périra, les enfants naîtront et vous ne saurez pas les âmes des morts qui les animent; vous ne pourrez faire les sacrifices pour leur a iun, et les enfants mourront tous. Pour que cela ne soit pas, vous devez obéir à la loi « Pô lan hiu bang dle ». Mais ce que la loi ordonne de faire tous les sept ans, vous le ferez chaque année, pour redonner à la terre la valeur qu'elle avait lorsqu'il suffisait au Pô lan de la visiter une fois tous les sept ans. Vous avez l'habitude à chaque récolte nouvelle de m'apporter l'offrande du riz nouveau. Vous vous trompez, ce n'est pas à moi, mais au Pô lan, que chefs et habitants doivent offrir le produit de ce sol, qui lui appartient et qui vous fait vivre, et ce sont les Pô lans qui doivent apporter à la Sang Chu Ea (Administration) l'offrande des produits de cette terre dont elle leur assure la propriété avec la protection des génies. Ainsi, les étrangers ne prendront pas le " dos des ancêtres », ainsi vous ne serez pas les esclaves des étrangers, ainsi vous serez riches, Acceptez-vous l'ordre ?*

LES CHEFS. — *Nous l'acceptons.*

LE RÉSIDENT. — *Est-il juste et conforme à la loi ?*

LES CHEFS. — *Il l'est.*

LE RÉSIDENT. — *Si je mets en prison ceux qui ne s'y*

conformeront pas, direz-vous que vous ne saviez pas et que c'est injuste ?

Les Chefs. — *Pourquoi dirions-nous ce qui n'est pas ?*

Le Résident. — *Touchez le bracelet.*

Les aspirations Moïs

Les Moïs du Darlac aspirent à se relever moralement en s'appuyant uniquement sur la France, ils ne veulent relever ni de l'Annam, ni du Laos, ni du Cambodge, et la fière réponse adressée par leurs Chefs au Résident de France, en réponse à leur convocation à la Chambre des Représentants d'Hué, montre, de la part de ces primitifs, un haut souci de personnalité.

Lettre des Chefs du territoire du Darlac à Messieurs les Grands Chefs Français, Gouverneur général et Résident supérieur en Annam.

Messieurs,

Nous soussignés Kunjonob, Ki, Tuôp, Dhong-Ka, Dlang, Thuôt, Ni, Bak K'leo, Ngoi, Pakam Sô, Hiêt, Diong, Blo, Blum, Chefs des M'Nongs, des Rhadés, des Bihs, du territoire du Darlac, Nous sommes réunis pour discuter l'affaire que Monsieur le Délégué nous a donné l'ordre d'envoyer des Délégués à Hué par ordre du Roi d'Annam pour parler de nos affaires aux Annamites comme si nous étions des Annamites.

Nous avons l'honneur de vous rendre compte, à Messieurs le Gouverneur Général et le Résident Supérieur, pour vous expliquer ce que nous sommes et ce que nous voulons être.

Les Grands Chefs ne nous connaissent pas encore, parce que nous n'osons jamais parler et parce que personne n'a parlé pour nous.

Alors tantôt on nous fait appartenir au Laos, à l'Annam ou au Cambodge.

Le Délégué, aujourd'hui, parle pour nous, le Résident Supérieur est venu nous voir, mais il ne nous connaît pas encore. Seulement il a compris que nous étions intéressants, et il a dit qu'il nous aime et nous aide.

C'est pourquoi maintenant que nous avons un Délégué qui parle pour nous, un Résident Supérieur qui veut le bien pour nous, il faut profiter de l'occasion pour dire qui nous sommes et ce que nous voulons pour qu'on ne nous fasse pas passer du Laos à l'Annam comme des bœufs et des buffles que l'on donne ou que l'on vend. Nous n'appartenons ni à l'Annam, ni au Laos, ni au Siam, ni au Cambodge. Nous appartenons à nous-mêmes; *nous sommes libres et la terre qui nous nourrit nous a été donnée par le Maître du Ciel et transmise par nos ancêtres. Nos dialectes, nos coutumes, nos lois sont les nôtres comme notre terre.* L'Administration française l'a bien compris puisqu'elle a constitué un Tribunal qui juge d'après nos coutumes et nos lois. Alors pourquoi l'Administration française nous donne-t-elle des maîtres tantôt laotiens, tantôt annamites.

Quand nous nous sommes soumis c'est à des Chefs français et non à des Chefs annamites ou laotiens. Monsieur le Délégué, deux fois nous a donné l'ordre d'envoyer des représentants de la population sur la demande du Roi d'Annam, transmise par M. le Résident Supérieur. Pourquoi aller parler à Hué puisque nous parlons, ici, au Délégué et que nous avons parlé au Résident Supérieur. Alors c'est qu'on nous regarde comme des Annamites puisqu'on nous fait obéir à la lettre du Roi d'Annam. Il y a dix ans on nous regardait comme des Laotiens, le Commissaire nous commandait par la bouche d'un Laotien, maintenant c'est par le Roi d'Annam.

Pourquoi cela ? Quand on a un bon éléphant fidèle et courageux, le nourrit-on, le dresse-t-on, le fait-on chasser pour celui qui n'est pas son maître, lui donne-t-on un cornac qui ne lui plaît pas, Quand on veut soumettre un éléphant à un cornac qu'il ne veut, l'éléphant jette par terre le cornac et il lui met le pied dessus.

Nous ne sommes ni Laotiens, ni Annamites, ni Siamois, nous sommes nous-mêmes, nous sommes des tribus libres, soumises aux Chefs français qui sont venus dans le pays pour notre bien et pour l'organiser.

Kunjonob s'est soumis le premier au Chef français avec tous ses M'Nongs, ensuite il a soumis les Rhadés et les Bihs pour le Chef français et non pour le Roi d'Annam, par l'intermédiaire du Chef français.

Aujourd'hui, le Roi d'Annam nous convoque comme si nous étions des Annamites, comme si notre terre lui appartenait. Les Grands Chefs nous ont-ils vendus ou donné notre territoire ?

C'est la première fois qu'on nous convoque au nom du Roi d'Annam, c'est pourquoi nous nous sommes réunis pour dire ce que nous sommes. Nous ne pouvons pas obéir au Roi d'Annam parce que nous ne sommes pas des Annamites, et nous ne voulons pas laisser faire cela; parce que si nous laissons faire, les Annamites pilleront et voleront le pays comme ont fait les Siamois, et nous serons tous très malheureux. Nous disons alors ceci aux Chefs français, au Gouverneur Général : Nous sommes nous-mêmes, nous sommes nos maîtres, nous consentons d'être protégés directement par la France, nous n'obéissons qu'aux Chefs français.

Nous déléguons Y Tuôp, Y Thuôt, Ro'Leo et Diong pour dire cela et pour qu'on le sache toujours.

Nous parlons pour tout le Darlac qui pense tout comme nous.

Plantation Buonso, abattage de la forêt.

Plantation Buonso, établissement d'une pépinière.

La Location des Terres

La tradition Moï interdit aux Pô lans (propriétaires du sol) la vente des terrains dont ils ont la garde.

Dans ces conditions, l'Administration ne se reconnaissant pas le droit de disposer de ces terres en concessions domaniales, force est de recourir à la location si on veut introduire la colonisation dans ce pays.

Les arrêtés réglementant la location à bail emphytéotique des terres Moïs de la province voisine du Haut-Donai ont servi de base aux premières locations de terres de la province du Darlac.

Cette province a fait l'objet, par la suite, de l'arrêté du 27 décembre 1926 dont nous reproduisons, ci-après, les articles essentiels, les autres n'étant qu'une reproduction de ceux relatifs à la province du Haut-Donaï.

LE RESIDENT SUPERIEUR P. I. EN ANNAM,

Chevalier de la Légion d'Honneur,

Vu le décret du 20 octobre 1911 déterminant les pouvoirs des Chefs d'administration locale en Indo-Chine ;

Vu l'arrêté du 1ᵉʳ octobre 1926 ;

Vu l'arrêté du 30 juillet 1923 fixant le régime des terres de l'Hinterland Moï ;

Vu l'arrêté du 30 juillet 1923 réglementant la colonisation annamite dans l'Hinterland Moï ;

Vu l'arrêté du 11 août 1926 sur les concessions domaniales en Annam ;

Vu l'avis conforme du Conseil de protectorat ;

Arrête :

Art. 3. — **Les terrains ainsi loués devront être mis en valeur exclusivement à l'aide de la main-d'œuvre autochtone, les locataires devant s'engager par une clause expresse du bail à n'introduire sur leurs plantations aucune main-d'œuvre étrangère au Darlac.**

La mise en culture des dits terrains devra en outre être effectuée dans un délai de 10 ans, à compter du jour de la notification aux parties de l'approbation prévue à l'article 2 du présent arrêté, date à partir de laquelle commencera à courir le bail.

Les terrains qui ne seront pas mis en valeur à cette date feront retour à leur propriétaire. La même sanction interviendra après deux avertissements du Résident à trois mois d'intervalle, en cas d'infraction à la clause interdisant l'introduction de main-d'œuvre étrangère.

ART. 4. — Le retour des terrains au propriétaire sera prononcé par le Résident pour les terrains inférieurs à 500 ha. et par le Résident supérieur pour les terrains d'une superficie supérieure à 500 ha., après un avis donné par une commission soit quant à l'infraction prévue ci-dessus, soit quant à l'état de mise en valeur de tous les terrains loués à l'expiration du délai de dix années. Le président de la Commission invitera par lettre le locataire à assister aux opérations de constatation.

Si les terrains ont subi une dépréciation du fonds du fait du locataire, ce dernier sera tenu d'indemniser le propriétaire, la commission prévue ci-dessus fixera après constatation sur les lieux :

1° Le montant de l'indemnité à payer ;

2° La superficie des terrains faisant retour au propriétaire.

Le cas échéant, un avenant au bail sera dressé, indiquant la superficie restant en location et le montant de la redevance annuelle à payer dorénavant au bailleur.

La Commission prévue aura la composition suivante :

Le Résident, chef de province ou son délégué, un colon de la province choisi par le Résident, le Président du tribunal indigène ou l'un de ses assesseurs ;

Le ou les chefs de villages où sont situés les biens ;

Le ou les propriétaires des terrains loués.

ART. 12. — Les terrains loués seront soumis au paiement d'une redevance annuelle à la charge du locataire au profit du budget local de l'Annam, proportionnelle à la superficie des terrains en cause et représentant la contribution à l'établissement et à l'entretien des voies de communication nécessaires à la mise en valeur de la région.

Le montant de cette contribution annuelle sera fixé périodiquement tous les dix ans pour chaque exploitation par une Commission constituée comme suit :

Le Résident chef de province ou son délégué, président ;

Un colon de la province à la désignation du Résident ;

Le Président du tribunal indigène du Darlac ;

Un agent de l'Agriculture.

ART. 13. — Les autorités locales se réservent, à quelque époque que ce soit, le libre usage des terrains qui seraient nécessaires aux besoins des services de l'Etat ou de la colonie et à tous les travaux d'utilité publique qu'ils jugeraient convenable d'exécuter ou de faire exécuter par les concessionnaires de ces services publics.

Cette reprise aura lieu :

1° Si les terrains ne sont pas mis en exploitation, sans aucune indemnité autre que le remboursement des fermages payés ; si les terrains sont repris avant l'expiration du délai de mise en valeur, la superficie en sera diminuée sur les baux respectifs ;

2° S'il s'agit de terrains bâtis ou mis en exploitation, moyennant une indemnité à fixer de concert avec le locataire ; en cas de désaccord, il sera statué par le tribunal compétent. L'expertise sera obligatoire si elle est demandée par l'une des parties et il y sera procédé dans les formes prévues par les articles 302 et suivants du Code de procédure civile ;

3° Dans tous les cas, la reprise des dits terrains par l'administration établira le droit, au profit des propriétaires, à l'allocation d'une indemnité dont le montant sera fixé par la Commission prévue à l'article 4 du présent arrêté, après expertise sur les lieux et en présence des propriétaires.

ART. 14. — En cas de décès du locataire, ses héritiers lui seront substitués de plein droit. Ils devront, s'ils ne sont pas présents, se faire représenter par un mandataire spécial dans un délai maximum d'un an à partir du jour du décès du locataire, faute de quoi les terrains reviendraient de plein droit au bailleur et sans que les héritiers puissent prétendre à aucune indemnité.

ART. 15. — Le locataire sera tenu de payer au fur et à mesure de la mise en valeur, et à compter du 1er janvier qui suivra, l'impôt foncier suivant les tarifs en vigueur en Annam pour les superficies cultivées ou exploitées (pâturages, coupes de bois, etc.).

ART. 16. — Le paiement des termes pour la location devra être effectué en présence d'un agent de l'Administration, qui délivrera un certificat de constatation. Cet agent devra tenir un contrôle des paiements ainsi effectués.

ART. 20. — Le présent arrêté sera rétroactivement applicable aux baux antérieurement contractés et approuvés notamment dans ses articles 4, 5, 13, 14, 15, 16 et par ailleurs dans toutes ses dispositions non contraires aux stipulations contenues dans les dits contrats.

Hanoï, le 27 décembre 1926.

Signé : J. D'ELLOY.

Approuvé :

Le Gouverneur général p. i.,
Signé : P. PASQUIER.

Nous avons vu l'importance des concessions accordées à bail emphytéotique depuis plusieurs années dans la province du Haut-Donai ; il nous reste à examiner quelle était la situation des concessions au Darlac avant l'interpellation du 18 mars 1927. **La question présente un certain intérêt, puisqu'au cours de cette interpellation, il n'a été question que d'une seule concession.**

A la date du 31 décembre 1926, deux mois et demi avant l'interpellation, 51.000 hectares de terres rouges de la province du Darlac étaient loués pour 99 ans

à bail emphytéotique. Ces baux sont tous approuvés par le Résident Supérieur en Annam, en Conseil de Protectorat.

Les bénéficiaires sont :

MM. *Halot, Bernard, West, Maillot, Arpea, Jessula, Launay, Société de Commerce et de Navigation d'Extrême-Orient, Société Anonyme Sicaf.*

A fin février 1927, près de 100.000 hectares de terres rouges de la province du Darlac étaient prospectés, délimités, d'accord avec les Pô-Lans et les baux sur le point d'être approuvés.

Les bénéficiaires sont :

MM. *Caffort, Ducroiset, Lis, Bonin, Peyronnet, Cravetto, Rossi, Salvaire. Descosses, Saliège, Lair, Compagnie d'Exportation d'Extrême-Orient, MM. Lyard, Schertzer, Potel, Daugnet.*

L'ensemble des terrains loués ou sur le point de l'être était donc avant l'interpellation de 150.000 hectares environ.

Voilà la vérité.

Ce chiffre est assez éloquent pour qu'il soit inutile d'insister sur la partialité de M. Outrey.

Cuisine en plein air après un sacrifice.

Ma Mission en Indo-Chine

Lorsque nous décidâmes, MM. Bernard, West, d'Ancona et moi de faire un voyage d'études en Indo-Chine, étions-nous des néophytes en matière coloniale? MM. Bernard, West, d'Ancona sont fondateurs ou administrateurs de Sociétés de plantations coloniales : Sumatra, Tapanoelie, Franco-Javanaise, Franco-Néerlandaise, Siboga, Kali-Tengah, Buloh-Kasah, Panou-Lisan, Sociétés qui ont toutes donné d'excellents résultats aux Indes-Néerlandaises et dont la capitalisation boursière évaluée au 16 mars 1927, représentait un ensemble de 760 millions de francs, justifiés par les dividendes distribués et les bénéfices réalisés. J'avais moi-même une connaissance suffisante des colonies par un séjour de plusieurs années en Algérie, Tunisie, Maroc et aussi par un voyage d'études accompli aux Indes-Anglaises. De plus, mes connaissances spéciales en topographie, levés de plans (je suis titulaire d'un diplôme d'opérateur de première classe pour les levées sur le terrain) n'étaient pas incompatibles avec le but que nous nous proposions d'atteindre.

Nous ignorions totalement les uns et les autres l'existence du Darlac avant notre débarquement à Saïgon. Après voir visité le Cambodge, la Cochinchine et l'Annam, notre choix se porta sur la province du Kontum, où nous déposâmes une demande de concession de 23.000 hectares à la *date du 16 avril* 1926. Cependant, ayant entendu vanter les terres du Darlac et ayant appris que s'il n'était pas possible d'y obtenir des concessions, les terres appartenant aux indigènes, l'on pouvait, avec l'autorisation de l'Administration, les louer par baux emphytéotiques aux propriétaires, nous nous décidâmes à visiter cette province et notre décision fut immédiate : les terrains du Darlac par leurs qualités, l'altitude et leur orientation convenaient admirablement aux cultures que nous voulions entreprendre.

Ayant reçu, partout, le meilleur accueil de la part des indigènes et nous étant assuré de leur volonté de louer leurs terres, nous déposâmes une demande de prospection à la Résidence de Buon-Ma-

Thuôt, le 14 *avril* 1926, et par lettre recommandée en date du 17 *avril* 1926, nous fîmes connaître au Résident de la province du Kontum, que nous renoncions à notre précédente demande de concession dans cette province.

Si, comme on l'a insinué, un accord préalable avait existé entre l'ancien Résident du Darlac et nous, aurions-nous étudié le Kontum et fait une demande de concession dans cette province?

MM. Bernard et West appelés aux Indes-Néerlandaises par les intérêts de leurs sociétés, durent quitter l'Indo-Chine, me laissant pouvoirs par actes dressés par Mᵉ Mathieu, notaire, à Saïgon, en date du 20 avril, de prospecter les terrains, en lever les plans, les délimiter et traiter définitivement avec les Pô-Lans.

Pendant trois mois, j'ai arpenté la brousse, situant nos concessions dans les régions les moins peuplées, m'efforçant à n'englober aucun village dans les périmètres retenus, tenant le plus grand compte des observations qui m'étaient présentées par les populations.

Il paraît que j'ai battu un record par la rapidité de mon travail. J'en doute. Ce que je sais, fort bien, c'est qu'il existe deux méthodes pour obtenir des concessions en Indo-Chine :

La première consiste à faire une demande de terrains en taillant sur une carte de la région choisie, confortablement installé dans un bureau à Saïgon ou à Paris. Cette manière d'opérer amène quelquefois des résultats au bout de 18 mois à 2 ans avec rappels tous les 5 à 6 mois.

La deuxième, celle que j'ai employée, exige la présence constante de l'intéressé sur le terrain lui-même, de façon à résoudre sur l'heure, les difficultés nombreuses qui peuvent surgir. Elle n'est pas sans risques ni sans fatigues, mais elle a le grand avantage d'être rapide.

Quand les terrains furent délimités et l'accord avec les propriétaires sanctionné par l'échange du bracelet (coutume Rhadé qui correspond à notre engagement d'honneur), les contrats furent rédigés et signés par l'intermédiaire d'un interprète assermenté en présence du Résident de la province.

Nous reproduisons, ci-après, à titre documentaire, l'un de ces contrats.

CONTRAT

Par devant nous, GIRAN Paul, Emile, Résident de France à Buon-Ma-Tuôt, assisté de Y SAY (k'tla), interprète à la Résidence,

Entre les soussignés :
M. X., d'une part, et M. Y., d'autre part,
Il a été convenu ce qui suit :

ARTICLE PREMIER. — Les soussignés Pô-lan, propriétaires des terrains ci-après désignés, et Chefs de village, représentant les usagers de ces mêmes terrains, s'engagent à donner solidairement à bail emphytéotique, pour quatre vingt-dix-neuf années (99) entières et consécutives à M. X.; également soussigné, X hectares de terres en friches contenus dans les limites ci-dessous fixées, conformément au plan annexé.

ART. 2. — Le bail sera consenti moyennant une redevance annuelle de 10 cents par hectare, soit au total de X piastres qui sera versé aux Pô-lans pour être réparti, d'accord avec les Chefs de villages, entre lesdits Pô-lans et les usagers habituels du sol.

ART. 3. — M. X. s'engage à mettre en valeur les terrains, à lui loués, dans un délai de 10 ans, à partir de la conclusion du présent bail. *Il s'engage, en outre, à n'introduire dans son exploitation, et pour ses besoins particuliers, aucun coolies étrangers, annamites, en particulier.*

Les Chefs de villages, soussignés, s'engagent, par contre, à fournir à M. X. la main-d'œuvre qui sera nécessaire à son exploitation et qui devra être prise parmi les habitants des villages. contractants.

Dans le cas où les villages ne fourniraient pas, ou ne pourraient fournir le contingent nécessaire à l'exploitation, M. X. serait autorisé, après entente avec l'Administration, à user de main-d'œuvre étrangère.

Art. 4. — La main-d'œuvre fournie par les habitants à M. X. sera payée sur la base des prix en cours dans la région du Darlac, après entente entre les parties et approbation du Résident. M. X. s'engage, en outre, à constituer des approvisionnements de riz et de sel, permettant d'assurer les besoins de tous les ouvriers employés sur ses plantations. Ce riz et ce sel seront cédés sans bénéfice au prix coûtant.

Art. 5. — Le présent bail ne deviendra définitif qu'après approbation du Résident Supérieur en Annam.

Fait à Buon-Ma-Thuôt, en quatre exemplaires, le ...., avec l'assistance de Y Say, interprète à la Résidence du Buon-Ma-Thuôt qui certifie avoir traduit exactement et dans leur intégralité les dispositions qui précèdent aux contractants Radhés du présent acte.

Lu et approuvé :	Lu et approuvé :
Le Preneur,	*Les Bailleurs,*
Vu : Buon-Ma-Thuôt, le	Vu et approuvé :
Le Résident,	Hué, le ....
	Le Résident Supérieur en Annam,

La clause de la main-d'œuvre nous fut imposée par l'Administration à la demande des Moïs, eux-mêmes. On chercherait en vain un esprit de contrainte dans cette fameuse clause, puisque il est dit qu'au cas où les villages ne fourniraient pas ou ne pourraient pas fournir la main-d'œuvre nécessaire à son exploitation, l'intéressé serait autorisé, après entente avec l'Administration, à faire usage de main-d'œuvre étrangère.

La phrase « Au cas où les villages ne fourniraient pas ou ne pourraient pas fournir, etc... » ne laisse-t-elle pas aux autochtones la liberté absolue de travailler ou de ne pas travailler?

Le prix de cette main-d'œuvre, sous le contrôle de l'Administration, est basé sur les cours appliqués dans la région; cela veut dire qu'ils augmenteront dans l'avenir avec les besoins et les progrès de la colonisation.

Nous nous sommes engagés à ravitailler toute la main-d'œuvre indigène en riz et en sel au prix de revient, sans aucun bénéfice. Etant donné la période de disette qui sévit chaque année et les difficultés de ravitaillement, cet engagement est de la plus grande importance pour les populations Moïs.

A peine installés dans la région, nous nous sommes préoccupés immédiatement des questions sanitaires, la création d'un hôpital indigène avec pavillon pour Européens a été décidée.

Enfin, le prix de location de dix cents à l'hectare et par an est très rémunérateur pour les propriétaires qui laissaient ces terrains incultes et dont ils ne tiraient aucun profit.

Les baux ont été obtenus régulièrement, sans aucune influence, ni pression sur les Moïs, propriétaires du sol, et si nous avons été les premiers à en bénéficier, c'est que nous avons été les premiers à visiter le Darlac et à nous intéresser à ses terres après son ouverture.

Ban-Me-Thuot. — Une équipe de prospection en forêt primaire.

CONCLUSION

En cherchant à établir une relation de cause à effet entre la personnalité du Gouverneur Général de l'Indo-Chine et les affaires que j'ai traitées au Darlac, MM. Camille Aymard et Outrey ont commis une véritable imposture.

M. Varenne ignorait tout de la question, je vais le démontrer.

Lors de l'interpellation du député de la Cochinchine, le Gouverneur Général ignorait :

1° Qu'en application d'un arrêté signé de M. Pasquier, résident supérieur en Annam, réglementant la location des terres Moïs dans la province du Haut-Donai, de nombreuses concessions avaient été accordées à bail emphytéotique dans cette province (la location des terres Moïs ne relève pas du Conseil de Gouvernement, mais bien du Conseil de Protectorat) ;

2° Que les 8.000 hectares de la Compagnie Agricole d'Annam avait pour bénéficiaire M. Bernard et non M. Maillot;

3° Que M. Maillot outre qu'il avait prospecté les terrains de la Compagnie Agricole d'Annam, était bénéficiaire d'une concession au Darlac;

4° Qu'avant l'interpellation, l'ensemble des terrains loués au Darlac était de 51.000 hectares (9 bénéficiaires de baux) que plus de 100.000 hectares (16 demandes) étaient en instance.

Si M. Varenne avait connu la vérité alors que l'interpellateur, avec sa mauvaise foi coutumière, représentait l'octroi de la concession de 8.000 hectares comme un fait anormal, exceptionnel. fait en violation de la loi. Si en réponse à l'interpellateur, M. Varenne avait éclairé la Chambre, je ne doute pas un seul instant, que l'interpellation se fût effondrée sous les huées de l'unanimité des parlementaires.

Les baux contractés au Darlac sont réguliers, ils ont été obtenus normalement, sans aucune influence.

Pourquoi dans un pays comme le nôtre qui se targue, avec raison, d'être un grand pays colonial, faut-il parler d'influence lorsque des

hommes de bonne volonté ayant un passé colonial et une compétence indiscutable, veulent se faire les auxiliaires indispensables de cette mise en valeur de nos colonies tant prônée par nos Gouvernants?

La location des terres Moïs du Darlac comblait les vœux des populations qui demandaient, en vain, depuis des années, l'introduction de la colonisation dans leur pays. Pourquoi dès lors parler de pression ?

La location des terres Moïs du Darlac pour une durée de 99 ans à raison de dix cents par hectare, majorés de la redevance prévue à l'article 12 de l'arrêté du 27 décembre 1926 (laquelle a été fixée au même prix que celui de la location) représente pour la durée du bail la somme de piastres 19,80 par hectare auxquelles il convient d'ajouter les intérêts composés. N'est-elle pas plus onéreuse que l'aliénation en toute propriété à raison d'une piastre l'hectare une fois payée des terres Moïs du Kontum ?

Quelle sera la situation dans 99 ans? Les héritiers des bailleurs consentiront-ils à renouveler le bail? S'ils ne le renouvellent pas, il faudra leur abandonner, outre le capital investi, tous les aménagements, toutes les constructions, l'effort de 99 ans. Les bénéficiaires de concessions définitives obtenues gratuitement ou payées à raison de quelques piastres à l'hectare n'ont pas à envisager cette redoutable hypothèse.

Pour assouvir leurs haines politiques, MM. Camille Aymard et Outrey, de propos délibéré, ont éclaboussé, diminué, avili, l'œuvre colonisatrice de la France. Ils ont menti au pays, ils ont menti au Parlement.

Les gens impartiaux, les gens de bonne foi, chercheront en vain l'ombre d'un scandale dans l'affaire des concessions du Darlac, concessions accordées dans des conditions beaucoup plus onéreuses que la plupart des concessions octroyées en Indo-Chine, Ban-Me-Thuot est situé à 160 kilomètres de la côte, à 800 kilomètres de Saïgon, dans un pays fiévreux, insalubre, ou tout est à faire, ne l'oublions pas. N'est-il pas inconcevable que des hommes comme Aymard, Outrey, que leur passé colonial ne désigne nullement pour jouer les Catons et dont le crédit en Indo-Chine est à peu près nul, aient réussi à troubler l'opinion publique en France, au point d'obtenir du Gouvernement l'envoi en Indo-Chine, d'une commission d'enquête, malgré l'enquête déjà faite sur la question par l'inspection générale des colonies.

Comment ne pas s'étonner de l'émotion suscitée par ces baux

emphytéotiques du Darlac, alors que le bail emphytéotique est d'usage constant en Annam, car enfin, si la location des terres Moïs du Haut-Donai, par voie de bail, est considérée comme normale et régulière, on conçoit difficilement, qu'il en soit autrement au Darlac? Et alors une question se pose : *Va-t-on considérer tous ces baux passés depuis des années comme de vulgaires chiffons de papier?*

Le débat du 18 mars n'avait pas sa raison d'être, il ne pouvait en rien servir l'intérêt des colonies françaises.

Pendant qu'en France nous exploitons périodiquement, à grands renforts d'articles de journaux et de revues, les pseudo-scandales coloniaux, dont le seul résultat est de ralentir notre essor colonial, nos voisins et maîtres, en colonisation, ne perdent jamais une occasion d'exalter l'œuvre coloniale de leurs compatriotes.

A une époque où les Français se décident enfin à investir des capitaux importants dans les entreprises coloniales. En un temps où les Français consentent volontiers à s'expatrier pour mettre en valeur ces immenses régions incultes, qui feront, demain, la richesse de nos colonies et de la Métropole, nous devrions nous garder de prononcer publiquement la moindre parole susceptible de diminuer aussi peu que ce soit le prestige français outre-mer.

A bord de l'*Athos II*, — Juin 1927.

TABLE DES MATIÈRES

Imprimerie J. LAGARDE, 18, avenue de la Frillière, Paris (16e)